Analiza książki

Elegancji Jeża

• • • • • • • • • • • • • • • • •

Muriel Barbery

ANALIZA KSIĄŻKI

Napisany przez Isabelle Defossa
Przetłumaczony przez Kâmil Kowalski

Elegancji Jeża

MURIEL BARBERY

MURIEL BARBERY

FRANCUSKI POWIEŚCIOPISARZ

- **Urodził się w Casablance (Maroko) w 1969 roku.**
- **Godne uwagi prace:**
  - *Gourmet Rhapsody* (2009), powieść
  - *Życie elfów* (2016), powieść

Muriel Barbery, urodzona w 1969 roku, jest francuską powieściopisarką. Po ukończeniu prestiżowej *École Normale Supérieure de lettres et sciences humaines* i pomyślnym zdaniu *agrégation* (wysoce selektywnego egzaminu konkursowego dla nauczycieli) z filozofii, najpierw uczyła w szkole średniej w Caen, a następnie pracowała w *Saint Lô Institut universitaire de formation des maitres*, kolegium nauczycielskim.

W 2000 roku napisała swoją pierwszą powieść, *Gourmet Rhapsody*, która była jedną z najbardziej udanych książek tamtej jesieni i została przetłumaczona na 12 języków. W 2006 roku wydała swoją kolejną powieść, *Elegancję jeża,* bestseller w każdym znaczeniu tego słowa. Chcąc pozostać poza centrum uwagi, Barbery prowadzi swoje życie z dala od presji mediów. Jest zafascynowana Japonią i mieszkała przez pewien czas w Kioto, po czym wróciła, by osiedlić się w Touraine we Francji.

ELEGANCJA JEŻA

PRAWDZIWY BESTSELLER

- **Gatunek:** powieść
- **Wydanie referencyjne:** Barbery, M. (2013) *Elegancja jeża*. Trans. Anderson, A. London: Gallic Books.
- **Pierwsze wydanie:** 2008 (Praca oryginalna opublikowana we Francji 2006)
- **Tematyka:** mieszczaństwo, pozory, przyjaźń, śmierć, życie, literatura, sztuka, filozofia

Elegancja jeża to druga powieść Muriel Barbery, wydana w 2006 roku. Koncentruje się na życiu Renée Michel i Palomy Josse oraz na tym, jak ich drogi się krzyżują. Renée jest konsjerżką rezydencji w Paryżu. Ma 54 lata, jest niezwykle kulturalna i obdarzona inteligencją, o której bogaci mieszczanie z budynku nie mają pojęcia. Paloma Josse, utalentowana 12-latka, jest córką mieszkańców 5. piętra budynku. Odrzuca ona świat dorosłych, uważając go za pełen pozorów, dlatego w dniu swoich 13. urodzin postanawia popełnić samobójstwo i podpalić mieszkanie rodziców. Wszystko jednak zmienia się, gdy na 4 piętro wprowadza się Kakuro Ozu.

Przetłumaczona na ponad 30 języków powieść zdobyła wiele nagród i przez kilka miesięcy utrzymywała się na szczycie listy bestsellerów.

STRESZCZENIE

Opowieść o *Elegancji Jeża* rozpoczyna się od przedstawienia dwóch głównych bohaterek. Poprzez strony swoich osobistych dzienników Renée Michel i Paloma Josse opowiadają czytelnikowi historię 7, Rue de Grenelle, przekazując kolejno swoje przemyślenia i wrażenia.

NIE JEST TO PRZECIĘTNY KONSJERŻ

Renée Michel ma 54 lata i jest konsjerżką rezydencji, w której mieszka osiem "bogatych" rodzin. Mimo że w młodości nie miała okazji do kontynuowania nauki, Renée jest niezwykle kulturalna. Zmusza się jednak do zachowywania się jak stereotypowa konsjerżka, której oczekują jej pracodawcy: nieistotna, głupia i brzydka. Niemniej jednak, gdy w domu jest bezpieczna od ciekawskich oczu, rzuca się z radością w wir literatury, filozofii, muzyki, kina i wszelkich innych form sztuki.

Renée opowiada o swoim dzieciństwie, skromnym pochodzeniu i przybyciu do budynku. Opisuje ludzi wokół niej, zaczynając od swojej przyjaciółki Manueli, portugalskiej sprzątaczki, która odwiedza ją dwa razy w tygodniu. Kiedy są same, w spokoju, rozmawiają na różne tematy przy herbacie i ciastkach, pieczonych z miłością przez Manuelę. Concierge przedstawia również swoich pracodawców w bardzo sarkastyczny sposób. W rzeczywistości nie ma ona nic poza pogardą dla tych, którzy, mimo że należą do klasy średniej, a więc rzekomo kulturalnej, są w rzeczywistości wyjątkowo głupi.

Duża część dziennika poświęcona jest komentarzom do różnych książek, które Renée przeczytała. Karol Marks (niemiecki rewolucyjny socjalista, 1818-1883), Edmund Husserl (niemiecki filozof i logik, 1859-1938), René Descartes (francuski filozof, matematyk i fizyk, 1596-1650) i Lew Tołstoj (rosyjski pisarz, 1828-1910) to tylko niektórzy z jej ulubionych autorów, których dzieła i myśli podsumowuje z dużą dozą humoru.

DZIEWCZYNA OBRZYDZONA ŻYCIEM

W wieku 12 lat Paloma Josse jest utalentowaną, "wyjątkowo inteligentną" dziewczynką. Bardzo rozczarowana oczywistym absurdem życia, którego dowodem jest jej rodzina, koledzy ze szkoły i nauczyciele, planuje spalić mieszkanie rodziców i popełnić samobójstwo w dniu swoich 13. urodzin, aby położyć kres wszelkim życiowym nonsensom. Zanim to nastąpi, jest zdania, że "to, że zaplanowałeś śmierć, nie oznacza, że musisz wegetować jak jakiś gnijący kawałek kapusty" i dlatego postanawia całkowicie poświęcić się pisaniu podwójnego dziennika: pierwszy, "Głębokie myśli", jest zbiorem wszystkich ciekawych pomysłów, które przyszły jej do głowy, podczas gdy drugi, "Dziennik ruchu świata", skupia się na ciele i rzeczach.

Po przedstawieniu się, maluje czytelnikowi bardzo krytyczny obraz swojej rodziny i przyjaciół. Widzi swoją rodzinę jako całkowicie pozbawioną emocji i zainteresowań. Jej matka, kobieta oczytana, desperacko próbuje zapomnieć o bezsensie życia poprzez leki antydepresyjne i obsesyjną uwagę, jaką poświęca swoim zielonym roślinom. Jej siostra Colombe, mimo świetnych wyników na uniwersytecie, jest imbecylem, zupełnie nieczułym, zgryźliwym i głośnym. Jej ojciec jest posłem do parlamentu, ale jej zdaniem on tylko stwarza fasadę dorosłego człowieka, aby ukryć swoją rozpacz. Paloma wykorzystuje każdą okazję, by zbuntować się przeciwko głupocie dorosłych. Dobrym przykładem jest scena rodzinnego posiłku: nie zastanawia się ani chwili, by wytknąć szokujące błędy, jakie popełnia gość jej rodziców podczas rozmowy o grze Go. Choć przy kilku zauważonych błędach udaje jej się powstrzymać (Go nie wymyślili Japończycy, lecz Chińczycy, i w najmniejszym stopniu nie można jej porównać do szachów), to po błędnym komentarzu na temat systemu klasyfikacji graczy w końcu wybucha i nie chce się wycofać.

W trakcie pisania Paloma opowiada czytelnikowi także o swoich pasjach: fascynuje ją manga i w ogóle wszystko, co związane z Japonią, a także uważa język francuski i gramatykę za nieporównywalnie piękne.

NIEPRAWDOPODOBNI PRZYJACIELE

Po śmierci pana Arthensa, który mieszkał na ⁴ piętrze, jego rodzina postanawia sprzedać swoje mieszkanie. Niedługo potem wprowadza się nowy sąsiad, który zaczyna zajmować się wieloma różnymi projektami, co wzbudza ciekawość pozostałych mieszkańców budynku. Pan Kakuro Ozu jest bardzo sympatycznym japońskim emerytem. Ku całkowitemu zaskoczeniu Renée, to właśnie nią jest on najbardziej zainteresowany: poprzez jej zewnętrzny wygląd jako portiera dostrzega uroczą, wyrafinowaną i wykształconą kobietę, którą jest w środku. Renée obawia się, że zostanie zdemaskowana po jednym z ich spotkań, kiedy Kakuro kończy swoje odniesienie do pierwszego zdania *Anny Kareniny* Lwa Tołstoja ("Wszystkie szczęśliwe rodziny są podobne; każda nieszczęśliwa rodzina jest nieszczęśliwa na swój sposób"). Jakiś czas później daje jej piękne wydanie książki z zachwycającą oprawą, pokazując tym samym, że odkrył jej prawdziwą tożsamość. Renée jest przerażona i nie może zrozumieć, co on w niej widzi. Jednak zachęcona przez swoją przyjaciółkę Manuelę, przyjmuje jego zaproszenie na spotkanie i spędzają razem uroczy czas.

Tymczasem Paloma również bardzo ceni sobie towarzystwo M. Ozu i prowadzi z nim wiele ciekawych rozmów. Z radością odkrywa też, że niektórzy ludzie starają się patrzeć poza pozory. Spotkanie z nim pozytywnie wpływa na jej spojrzenie na życie. Na przykład Yoko, prawnuczka Kakuro, zmusza ją do przemyślenia swoich wcześniejszych sądów: istnieją ludzie, których los nie jest z góry przesądzony i których los nie jest bez znaczenia. W swoim "Dzienniku ruchu świata" posuwa się nawet do zwątpienia w swój plan samobójczy, ponieważ nowe znajomości dały jej prawdziwą nadzieję na przyszłość.

Po drugim spotkaniu Kakuro i Renée dochodzi do strasznego wypadku. Wychodząc na zakupy, Renée zostaje potrącona przez furgonetkę pralni chemicznej i natychmiastowo zabita. W tym momencie czytelnik otrzymuje wgląd w umysł konsjerżki, która po raz ostatni myśli o wszystkich osobach, które kocha. Kakuro i Paloma są zdruzgotani żalem. Po tej tragedii Paloma jest całkowicie zdecydowana, by nie rezygnować z przygód w życiu:

> *"Moje serce i żołądek w węzłach, w końcu mówię sobie, że może takie jest życie: dużo rozpaczy, ale też kilka ulotnych chwil piękna, w których czas się zmienia."*

Od tego momentu postanawia poszukiwać wszystkich ulotnych chwil piękna, jakie uda jej się znaleźć.

STUDIUM POSTACI

RENÉE MICHEL

Renée Michel ma 54 lata i jest córką biednego rolnika. Jest mała, brzydka i gruba. Lisette, jej jedyna siostra, zmarła młodo. René od 27 lat jest portierem *w hotelu*. Kiedyś dzieliła pracę z mężem Lucienem, ale ten zmarł 15 lat temu. Mieszka w portierni budynku ze swoim kotem Leonem, nazwanym tak na cześć pisarza Lwa Tołstoja.

Nie pasuje do obrazu typowego konsjerża, jaki mają bogaci ludzie. Lubi film *Śmierć w Wenecji* Luchino Viscontiego (włoski reżyser, 1906-1976), literaturę rosyjską, malarstwo holenderskie i cywilizację japońską. Interesuje ją również fenomenologia (ruch filozoficzny, który obraca się wokół zjawisk i sposobu ich pojawiania się). Jednak, aby uniknąć przypisania jej etykietki, której nie chce, postanowiła wmówić ludziom, że jest zwykłą konsjerżką: niekulturalną, złośliwą kobietą. W tym celu używa swojego sprytu, aby uniknąć uwagi i realizuje swoje intelektualne projekty tylko wtedy, gdy jest bezpieczna przed wzrokiem innych.

Kakuro Ozu szybko orientuje się, że jest ona wyjątkowa. Tych dwoje ma wspólne zainteresowania. Poznaje również Palomę Josse, kolejną osobę, z którą może dzielić się swoimi przemyśleniami bez konieczności ukrywania swojej inteligencji. Paloma i Kakuro szybko łamią tajemniczą tożsamość Renée, o której dziewczyna opowiada w swoich "Głębokich Myślach":

> *"Madame Michel ma elegancję jeża: na zewnątrz jest pokryta dudkami, prawdziwa forteca, ale moje przeczucie mówi, że wewnątrz ma tę samą prostą wytworność, co jeż: zwodniczo indolentne małe stworzenie, zaciekle samotne – i strasznie eleganckie."*

PALOMA JOSSE

Paloma Josse jest dwunastoletnią dziewczynką. Nosi różowe okulary i ma duże jasne oczy. Uzdolnione dziecko, jest najmłodszą córką Jossów, zamożnej rodziny z klasy średniej, która mieszka w budynku Renée. Nienawidzi swojej rodziny, a także ludzi z nią związanych, których uważa za irytująco zadufanych w sobie i intelektualnie pretensjonalnych. Jest uwięziona z ojcem, posłem, matką, która ma doktorat z literatury, starszą siostrą, która studiuje filozofię, oraz dwoma kotami o imieniu Parlament i Konstytucja. Z tego powodu postanawia popełnić samobójstwo w swoje kolejne urodziny i podpalić mieszkanie rodziców, aby nie skończyć jak oni, jak "złota rybka w misce". Przed śmiercią stawia sobie za zadanie spisanie jak największej ilości głębokich myśli w formie małych japońskich wierszyków. Postanawia też prowadzić "Dziennik ruchu świata", w którym nie chodzi o umysł, ale o ruch ludzi, ciał i rzeczy.

Marguerite, młoda dziewczyna, która zawsze jest gotowa z ostrą odpowiedzią, jest jedną z jej nielicznych przyjaciółek. Po spotkaniu z Kakuro Ozu i Renée Michel, Paloma nie chce już umierać.

KAKURO OZU

Kakuro Ozo jest bogatym japońskim emerytem. Jego ojciec był dyplomatą, a matka zmarła krótko po jego urodzeniu.

Jego sekretarką jest młoda Azjatka o imieniu Paul N'Guyen. Ma dwa koty, jeden o imieniu Levin, a drugi Kitty, w nawiązaniu do bohaterów powieści *Anna Karenina*.

Obdarzony umiejętnością dostrzegania ludzi takimi, jakimi są naprawdę, szybko dostrzega fasadę, jaką stworzyła sobie Renée. To wychodzi im na dobre, ponieważ dzięki temu mogą się zaprzyjaźnić. Szybko zaprzyjaźnia się z Palomą, biorąc pod uwagę jego japońskie pochodzenie i inteligencję.

MANUELA LOPES

Manuela Lopes jest jedyną przyjaciółką Renée. Jest sprzątaczką u Artenów, de Broglies i Pallières. Urodzona w portugalskiej rodzinie liczącej 14 dzieci, wyszła za mąż za budowniczego we Francji i ma z nim czworo dzieci. Marzy o powrocie do ojczyzny i jest postrzegana przez Renée jako wzór wyrafinowania. Jest utalentowaną kucharką i często dołącza do konsjerża przy herbacie i ciastkach, które sama piecze.

"BOGACI LUDZIE" Z BUDYNKU

W budynku Renée mieszka osiem rodzin: de Broglies, Meurisses, Rosens, Saint-Nices, Badoises, Arthens, Josses i Pallières. Budynek znajduje się pod numerem 7, Rue de Grenelle, w zamożnej, modnej dzielnicy Paryża.

- Państwo de Broglie mieszkają na **pierwszym piętrze**. Pani de Broglie jest jedyną osobą, która przejęła się śmiercią męża Renée – Luciena. Jej mąż jest radnym państwowym.

- Na **drugim piętrze** mieszka rodzina Meurisse – Anne-Hélène i jej chart Athena – oraz panna Jacinthe Rosen.

- Na **trzecim piętrze** mieszkają dwie rodziny: Olympe Saint-Nice, która marzy o tym, by zostać weterynarzem, i jej ojciec, dyplomata, z jednej strony, oraz Diane Badoise, córka prawnika, i jej rudy cocker spaniel Neptune z drugiej.

- Krytyk kulinarny Pierre Arthens mieszka na **czwartym piętrze** z żoną Anną i ich dziećmi Clémence, Jeanem (który ma chaotyczne życie) i Laurą. Mają też wnuczkę o imieniu Lotte. Mają kilku pracowników: Bernard Grelier, człowiek od prac dorywczych; Violette Grelier, gosposia; Manuela, sprzątaczka; oraz okazjonalnie lokaj. Po śmierci Pierre'a Arthensa rodzina wyprowadza się, pozostawiając mieszkanie wolne dla Kakuro Ozo, który ma się wprowadzić.

- Rodzina Josse zamieszkuje na **piątym piętrze**. W skład rodziny wchodzą: Paloma; jej starsza siostra Colombe, której nie może znieść; jej matka Solange, która ma chroniczną depresję; oraz jej ojciec Paul, członek francuskiego parlamentu. Jej rodzice bardzo starają się sprawiać wrażenie otwartych.

- Rodzina Pallières mieszka na **szóstym piętrze**, a tworzą ją Sabine i jej syn Antoine, który z wielką przyjemnością oznajmia Renée, że Karol Marks zmienił jego pogląd na świat.

ANALIZA

SATYRA SPOŁECZNA

W *"Elegancji jeża"* niektóre z osób zamieszkujących budynek zostają poddane ostrej krytyce. Poprzez swoje historie Renée i Paloma z brutalną szczerością opisują wady mieszkańców. Ich cele są wszystkie z wyższych klas społecznych. Widać to szczególnie w ich nazwiskach, z których niektóre mają arystokratyczny wydźwięk (jak de Broglie), i w ich zawodach (jest prawnik, dyplomata, krytyk kulinarny, a nawet poseł do parlamentu), podczas gdy inni wyróżniają się czasem tylko liczbą zatrudnionych.

Choć satyrycznie przedstawiona zostaje konkretna klasa społeczna – mieszczaństwo – to jednak siła krytyki spada na ich zarozumiałe przekonanie, że kultura należy im się z mocy prawa, zamiast pozwolić, by zmieniła ich sposób myślenia. Błędem byłoby sądzić, że krytyka ta skierowana jest do ludzi kulturalnych jako całości, bo gdyby tak było, wybór dwóch uczonych bohaterów, a także liczne odniesienia literackie, artystyczne i filmowe nie miałyby sensu. Przeciwnie, Barbery broni tezy, że ci, którzy nie są na tyle uprzywilejowani, by kontynuować edukację, są, ogólnie rzecz biorąc, tak samo wrażliwi na sztukę i kulturę, jak ci, którzy ją posiadają. Różnorodność czytelników *Elegancji jeża* również wzmacnia przekonanie autora, że wiedza powinna być dostępna dla wszystkich.

KSIĄŻKA NA DWA GŁOSY

Czytelnik widzi historię oczami dwóch narratorów: Renée i Palomy. Każda z nich wypowiada się po kolei. Rozdziały, w których Renée prowadzi narrację, przeplatają się z przemyśleniami Palomy w częściach zatytułowanych "Dziennik ruchu świata" i "Głębokie myśli".

Ten wybór narracyjny rozbija liniowość tekstu i czyni go polifonicznym (co oznacza, że posiada on kilka głosów narracyjnych). W rzeczywistości każdy głos ma swoją specyficzną typografię i różne style, co daje czytelnikowi możliwość zobaczenia rzeczywistości na dwa różne sposoby: jednym okiem starej kobiety, a drugim – nastolatka. Ten wariant narracyjny pozwala również czytelnikowi dwukrotnie doświadczyć głównych wydarzeń w opowieści z dwóch różnych punktów widzenia, takich jak moment spotkania dwóch bohaterów czy śmierć Renée.

Przeplatając w całej opowieści głos córki farmera z głosem dziewczyny z klasy średniej, autorka łączy formę i treść. Kultura, dostępna dla wszystkich, staje się medium spotkań i przyjaźni, bez względu na klasę społeczną zainteresowanych.

ŻYCIE, ŚMIERĆ I SZTUKA

Elegia Jeża porusza wiele różnych tematów filozoficznych. Ponieważ trójka głównych bohaterów (Renée, Paloma i Ozu) jest bardzo wrażliwa, w naturalny sposób dzieli się z czytelnikiem swoimi głębokimi przemyśleniami na temat sztuki, śmierci i sensu życia:

- Czytelnik od razu zostaje wprowadzony w temat sensu życia za sprawą Palomy, która w obliczu pesymistycznej wizji dorosłości nie potrafi znaleźć powodu do istnienia, a nawet myśli o popełnieniu samobójstwa. Temat śmierci jest również szczegółowo eksplorowany przez Renée w ostatnim rozdziale zatytułowanym "Moje kamelie". Czytelnik jest bezpośrednim świadkiem śmierci staruszki, a przede wszystkim jej refleksji na temat samej śmierci. Konsjerżka uświadamia sobie, że tym, co najbardziej ją przeraża, nie jest jej własna śmierć, ale fakt, że już nigdy nie zobaczy osób, które kocha. Nagła śmierć Renée skłania również Palomę do refleksji nad śmiertelnością, co doprowadza książkę do końca. Śmierć staje się wtedy źródłem życia, ponieważ wypadek Renée uświadamia Palomie, że oznacza ona "nigdy" i że trzeba żyć dla chwil piękna w życiu: "Nie martw się, Renée. Nie popełnię samobójstwa i nic nie spalę. Bo od tej pory, dla ciebie, będę szukał tych zawsze w ramach nigdy. Piękna, na tym świecie."

- Sztuka jest również bardzo widocznym motywem w powieści. Każdy z głównych bohaterów pasjonuje się jakimś rodzajem sztuki: kinem, literaturą, malarstwem czy nawet mangą. W każdej z tych rzeczy widzą pewną formę piękna, a także sposób na życie z marnością istnienia skazanego na koniec.

Obecność wątków filozoficznych w tekście nie czyni go pretensjonalnym. Wręcz przeciwnie, powieść wyśmiewa snobistyczną deklarację syna Pallièresa, że "Marks całkowicie zmienił sposób, w jaki patrzę na świat", a w zamian za to faworyzuje rozumowanie konsjerża. Filozofia, daleka od spekulacji nad sobą, służy do łączenia najwspanialszych myśli i świata emocji. Wszystkie pytania filozoficzne czy to stawiane przez Renée, czy Palomę, w rzeczywistości wywodzą się z problemu, który napotkali w codziennym życiu, problemu, który może spotkać każdego. Dlaczego uznajemy jakieś dzieło sztuki za piękne? Jakim dorosłym chcemy być? Czy wolimy poprzestać na pozorach, czy poznać kogoś głębiej? I tak dalej.

ŚWIĘTO JĘZYKA FRANCUSKIEGO

Paloma i Renée dzielą prawdziwy entuzjazm dla piękna języka: ich związek z czytaniem i ekspresją jest fundamentalną częścią powieści. Czytelnik może dostrzec ich zauroczenie językiem na dwóch różnych poziomach: w historii, którą opowiadają i w stylu pisania, który przyjmują.

Dla Palomy gramatyka ma fundamentalne znaczenie, bo w jej oczach jest celem samym w sobie. Poza sceną, w której Sabine Pallières popełnia w swoim liście błąd składniowy, czym Renée jest całkowicie oburzona, skrupulatność konsjerża w kwestii pracy nad językiem widać przy kilku okazjach. Na przykład z najwyższą irytacją relacjonuje słowa pana Artenesa, bo nie dość, że brakuje mu uprzejmości, to jeszcze nie docenia zdolności Renée:

> *"Na wspomnienie jego pytania: 'Czy przyniósłbyś mi to natychmiast?' (Paczka wysłana kurierem – paczki bogatych ludzi nie wędrują zwykłymi drogami pocztowymi).*
>
> *Tak", odpowiadam, bijąc wszelkie rekordy zwięzłości, zachęcony własną zwięzłością i brakiem jakiegokolwiek 'proszę', którego użycie warunku pytającego nie odkupiło, moim zdaniem, całkowicie.*
>
> *'Jest bardzo delikatny', dodaje, 'uważajcie, błagam'.*

> *Użycie imperatywu i 'błagam cię' nie ma szczęścia znaleźć u mnie przychylności, zwłaszcza że uważa, iż jestem niezdolny do takich subtelności składniowych, i używa ich jedynie ze skłonności, nie mając najmniejszej uprzejmości, by przypuszczać, że mógłbym poczuć się urażony."*

Obie narratorki mają też bardzo wyrafinowany zwrot akcji. Styl pisania Palomy jest dziecięcy, ale też bardzo wyrafinowany jak na jej wiek. Renée jest bardziej doświadczona i sprawnie posługuje się słowami, decydując się nawet czasem na dość śmiałe konstrukcje. Widać to na przykład, gdy otrzymuje prezent od Kakuro i wymyśla szereg możliwych sposobów, by mu podziękować:

> *"Proste. Obawiam się, że nie rozumiem, podpisał, konsjerż, przekazałoby właściwy sens. Albo nawet: popełnił pan błąd, zwracam panu przesyłkę. Bez zbędnego zamieszania, krótko i zwięźle: Dostarczono pod zły adres. Sprytne i ostateczne: Nie umiem czytać. Bardziej przebiegłe: mój kot nie umie czytać. Subtelne: Dziękuję, ale pudełka świąteczne dostajemy w styczniu. Albo nawet: administracyjnie: Proszę o potwierdzenie odbioru."*

Renée i Paloma są również ostrożne w doborze słownictwa i przejrzystości ich pisma jako całości.

RODZINA, PRZYJAŹŃ I MIŁOŚĆ

Relacje obu bohaterek z przyjaciółmi i rodziną są bardzo specyficzne. Żyją w zupełnie innych okolicznościach, a mimo to są bardzo podobne pod względem sposobu, w jaki wchodzą w interakcje z innymi i poczucia samotności.

Rodzina i odmienność

Od samego początku Renée mówi, że zawsze czuła się nieistotna. W dzieciństwie była całkowicie zaniedbywana przez rodzinę, a jej piętno odcisnął fakt, że nikt w domu nigdy się do niej nie odezwał, ani nawet nie chrząknął, by zwrócić na siebie uwagę.

> *"W mojej rodzinie było bardzo mało rozmów. Dzieci krzyczały, a dorośli zajmowali się swoimi sprawami tak samo, jak gdyby byli sami. Jedliśmy do syta, nieco oszczędnie, nie byliśmy maltretowani, a nasze pauperyzowane łachmany były czyste i solidnie wyprawione [...] Ale nie mówiliśmy."*

Rodzina nie zachęcała jej do czytania, a Renée bardzo młodo opuściła szkołę, by zacząć pracować: od tamtej pory uważa, że nie do pomyślenia jest, by było inaczej, biorąc pod uwagę jej sytuację i przeznaczenie. Dlatego jest całkiem zadowolona z noszenia swojego przebrania prostej, nieciekawej kobiety. Wyobrażała sobie również, że spędza życie w samotności, dopóki nie spotkała Luciena.

W przeciwieństwie do Renée, Paloma pochodzi z dość bogatej rodziny: jej rodzice skończyli studia i mają ważne stanowiska, a jej siostra wydaje się być zdecydowana pójść w ich ślady. Jednak Paloma wyraźnie obserwuje puste życie tych, którzy ją otaczają. To sprawia, że czuje się przygnębiona i nie chce skończyć tak jak oni. Ich działania i dyskusje, jakkolwiek przesiąknięte kulturą, są niestety puste.

Bez względu na pochodzenie społeczne, obie bohaterki nie czują się w swoich rodzinach jak w domu. Renée postanawia się z tym pogodzić i nie robi nic, by przekonać innych, że jest kimś innym niż nieciekawą, wręcz surową kobietą. Dla Palomy jej tragiczny plan jest jedynym wyjściem, jakie może sobie wyobrazić z niemożności dopasowania się do otoczenia, dopóki spotkanie z Renée i Kakuro nie zmusi jej do zmiany planów.

Cenne przyjaźnie

Mimo izolacji od reszty budynku, Renée łączy z Manuelą bardzo szczera przyjaźń. Podczas swoich małych spotkań dla smakoszy rozmawiają i zwierzają się sobie bez najmniejszej dozy fałszu. Ich bliskość, bez wątpienia możliwa dzięki podobnej sytuacji w hierarchii społecznej, pozwala im wyrazić wspólne wrażenia na temat bogatych ludzi, z którymi obcują na co dzień. Ponadto Manuela usilnie zachęca Renée do ponownego spotkania z Kakuro i pokazania się, gdyż wie, że jej przyjaciółce poważnie brakuje pewności siebie.

Paloma również nie ma wielu przyjaciół, głównie dlatego, że jest bardziej inteligentna niż inne dzieci w jej wieku. Lubi naśladować zwykłych uczniów, nie będąc tak naprawdę nigdy jednym z nich. Lubi jednak spędzać czas ze swoją najlepszą przyjaciółką Marguerite.

W miarę upływu czasu zaprzyjaźnia się z konsjerżem i Kakuro. W jej oczach widzą oni więcej niż swoje przekonania i uczą się od innych, w przeciwieństwie do większości ludzi, którzy zadowalają się rzutowaniem własnego życia na innych. Te dwa wzruszające spotkania przywracają jej wiele nadziei w życiu.

Miłość

Renée poznała Luciena w wieku 17 lat. Był dobrym człowiekiem, a Renée była zaskoczona, że ktoś kiedykolwiek chciałby się z nią ożenić, ponieważ uważała się za brzydką i zwyczajną. Prowadzili razem spokojne, przyjemne życie, a Renée po raz pierwszy w życiu poczuła się kochana.

Pojawienie się Kakuro w życiu Renée jest dla niej kolejną wielką zmianą: sprawia, że zaczyna myśleć, iż łatwo byłoby jej wyjść ze skorupy, którą sama dla siebie obłowiła. Jakie to ma znaczenie, skoro ona jest tylko konsjerżką, a on pochodzi z wyższych sfer?

Mimo młodego wieku, Paloma wyraża również swój punkt widzenia na miłość. Uważa ją za rzecz świętą, która jest niszczona przez nastolatków w jej wieku, mających obsesję na punkcie relacji seksualnych. Porusza ten temat ze swoją najlepszą przyjaciółką i obie zgadzają się, że "miłość nie może być środkiem, musi być celem."

Luźna adaptacja *"Jeża"*

W 2008 roku Mona Achache (francuska reżyserka i scenarzystka, urodzona w 1981 roku) postanowiła zaadaptować powieść Barbery'ego na ekran, jako swój pierwszy pełnometrażowy film. Film zatytułowany *The Hedgehog* wszedł do kin w lipcu 2009 roku, a w jego obsadzie znaleźli się Josiane Balasko, Garance Le Guillermic i Togo Igawa. Reżyserka w luźny sposób inspirowała się książką: do początkowej historii wprowadzono szereg modyfikacji, znikają całe sceny i pojawiają się nowe elementy.

W efekcie Paloma ma w filmie 11 lat, a samobójstwo planuje popełnić w dniu swoich [12] urodzin. Na ścianach swojego pokoju zapisuje też liczbę dni, które pozostały jej do końca życia. Dzienniki zastępuje kamera, za pomocą której filmuje i komentuje swoich bliskich, czasem bez ich wiedzy, czasem wbrew ich woli, chcąc "pokazać, dlaczego życie jest absurdalne". Metafora "rybki" pojawia się również w postaci złotej rybki, którą Paloma bez zastanowienia postanawia zabić. Jednak po śmierci Renée cudem wraca ona do życia, a młoda dziewczyna zaczyna zdawać sobie sprawę z wartości życia i bólu, jaki odczuwamy po stracie bliskiej osoby. Paloma postanawia żyć pełnią życia i szukać piękna w świecie.

DALSZA REFLEKSJA

KILKA PYTAŃ DO PRZEMYŚLENIA...

* *Elegancja Jeża* to powieść, która została przeczytana i doceniona przez niezwykle zróżnicowane grono odbiorców. Jak można to wytłumaczyć?

* Dlaczego możemy powiedzieć, że ludzie w budynku wystawiają swoisty spektakl społeczny?

* Czy Waszym zdaniem adaptacja filmowa przykłada tak dużą wagę do piękna i sztuki jak powieść?

* Jak to się dzieje, że ta książka potrafi omówić potencjalnie pretensjonalny temat, jakim jest filozofia, nie stając się przy tym sama pretensjonalna?

* Jaka jest rola Kakuro Ozu w tej historii?

* Pozory i rzeczywistość to dwa bardzo ważne tematy w tej powieści. Znajdź jakieś inne przykłady w literaturze, które poruszają oba te tematy łącznie.

* Barbery piętnuje zachowanie pewnej klasy społecznej. Jakie to zachowanie? Co robi, aby z nim walczyć?

* "Ludzie dążą do gwiazd, a kończą jak złota rybka w misce." Skomentuj ten cytat.

- W jaki sposób możemy powiedzieć, że zarówno Renée, jak i Paloma przechodzą w trakcie opowieści wewnętrzną przemianę?

- Na podstawie ich sposobu patrzenia na sprawy, co sprawia, że obie bohaterki są do siebie podobne, a co je różni?

DALSZE CZYTANIE

WYDANIE REFERENCYJNE

Barbery, M. (2013) *Elegancja jeża*. Trans. Anderson, A. London: Gallic Books.

OPRACOWANIE ŹRÓDŁOWE

Groskop, V. (2008) Recenzja: The Elegance of the Hedgehog by Muriel Barbery. *The Guardian*. [Online]. [Dostęp 10 marca 2017]. Dostępny w: <https://www.theguardian.com/books/2008/sep/14/fiction3>.

ADAPTACJA

Jeż. (2009) [film]. Mona Achache, reż. Francja: Films des Tournelles.

Chcemy usłyszeć od Ciebie, co się dzieje!
Zostaw komentarz na temat swojej internetowej biblioteki
i podziel się swoimi ulubionymi książkami w mediach społecznościowych!

Wydawca zapewnia o wiarygodności publikowanych informacji, co jednak nie może wiązać się z jego odpowiedzialnością.

www.50minutes.com

Master ISBN: 9782808693677
Papierowy ISBN: 9782808615075
Depozyt prawny: D/2023/12603/1787

Verhaal: © Primento

Projekt cyfrowy: Primento, cyfrowy partner wydawców.